Et ord fra forfatteren

Jeg har jobbet sammen med enslige siden jeg flyttet til Norge for ov.... I denne tiden har jeg møtt tusenvis av tenåringer fra mange forskjellige land, hver med sin egen historie å fortelle. Det noen av disse barna, som jeg har vært så heldig å få jobbe med, har gått gjennom er hjerteskjærende og samtidig inspirerende å se hvordan de har styrke til å fortsette. Kontrasten blir derfor stor når man ser hvordan disse barna ofte blir fremstilt i media. Deres individuelle historier blir redusert til tall og statistikk i nyhetsreportasjer og mye av dekningen oppfattes ofte negativ. Det er mye fokus på problemer som kan oppstå som følge av økt innvandring, fremfor å belyse problemene flyktningene selv står overfor og grusomheter så altfor mange har måttet gå gjennom, ikke bare i hjemlandet, men også både i reisen underveis og i landene de ender opp i.

Jeg ønsket å gi disse barna en stemme, gi barn i Norge et glimt av hva noen av disse barna går gjennom; skape diskusjoner rundt disse problemene og samtidig, forhåpentligvis, gi en bedre forståelse rundt det å være flyktning.

Dette er en sann historie.

Den er en av mange.

Mitt Navn er Yemane

Mitt navn er Yemane. Jeg er 17 år gammel.

Jeg flyktet fra hjemlandet mitt som 15-åring, og forlot dermed også familien min, vennene mine, byen min og alt jeg kjente.

Jeg kommer fra et land som heter Eritrea i Øst-Afrika. Det er et vakkert land med fantastiske mennesker, mat, natur og dyreliv.

Jeg elsker landet mitt. Noen fortalte meg en gang
at folk fra Eritrea har musikk i sjelen.

Men Eritrea er også et land preget av korrupsjon, krig og en regjering som ofrer folket sitt for å fylle egne lommer.

Det er ikke et trygt land å bo i, og for en ung tenåring som meg er det ingen fremtid her. Snart ville jeg bli tvunget til å bli soldat og kjempe i en krig som ikke er min egen.

Familien min ønsket ikke dette for meg. Ingen vil ha ønsket dette for barna sine. Så som mange andre skrapte de sammen penger slik at jeg kunne rømme fra derfra og søke tilflukt i Europa.

I Europa ville jeg være trygg. I Europe ville jeg være fri. Jeg ville kunne leve et normalt liv. Jeg ville ha muligheten for å få en fremtid.
Allikevel ønsket jeg ville ikke dra.
Hvis situasjonen var annerledes: Hvis vi hadde demokrati og hvis vi hadde fred så ville jeg aldri dratt, men å bli værende var for meg, som så mange andre, en dødsdom.

Familien min tok den vanskeligste avgjørelsen i deres liv den dagen, men de tok den av kjærlighet, med håp om at barnet deres skulle være trygg.
De betalte noen for å smugle meg til Europa. Planen var å først dra til Libya og derfra ta en båt over havet til Europa. Der ville jeg vært trygg.

Dagen kom da jeg måtte si farvel til familien min. Jeg var full av både håp og sorg, og frykt. Jeg visste at jeg mest sannsynlig aldri ville se dem igjen.
Jeg gråter fortsatt hver dag når jeg tenker på familien min.

Dagen kom da jeg måtte si farvel til familien min. Jeg var full av både håp og sorg, og frykt. Jeg visste at jeg mest sannsynlig aldri ville se dem igjen.
Jeg gråter fortsatt hver dag når jeg tenker på familien min.

For andre var det mye verre.

Menneskesmuglerne krevde mer penger for at jeg skulle fortsette reisen. Familien min hadde allerede betalt, men det var plutselig ikke nok. De måtte betale mer, ellers ville jeg bli tvunget til å bli der.
Noen av flyktningene kom aldri til å forlate det stedet.

Familien min betalte.

Tiltross for å væreforslått og allerede merket for livet så var jeg også en av de heldige.

Dagen kom da jeg ble fortalt at det var min tur til å fortsette reisen til Europa. En stor gruppe av oss - gutter, jenter, mødre og deres babyer ble plassert i en lastebil som tok oss til båten.

For de fleste ville nok den gamle båten ha sett skitten og utrygg ut, og virket uegnet til noe annet enn skrot, men for oss som skulle gå om bord var den det vakreste vi noen gang hadde sett.
Den representerte håp, frihet og ville ikke bare frakte oss over havet, men over til våre drømmer.
Dette var endelig øyeblikket vi hadde ventet på.
Vår neste destinasjon var Europa. Snart ville grusomhetene i Libya- og hva enn havet måtte kaste på oss, være bak oss.

Hadde det bare vært så enkelt.
Båten var mer enn overfylt. Vi satt sammenkrøpet og holdt om hverandre mens bølgene slo rundt oss.
Mødre klynget seg til barna sine. Ingen snakket. De eneste lydene ombord var tårer og mødre som prøvde å berolige redde barn.
Alle var redde. Mens vi klamret oss til hverandre, klamret vi oss også til håpet om hva morgendagen kan bringe.

Etter noen timer fikk båten vår problemer. Først visste vi ikke hva som skjedde, men så oppdaget vi røyken som kom innenfra. Det var brann.

Mange av oss, inkludert meg selv, kunne ikke svømme. Det var et valg mellom å brenne eller drukne. Vi måtte hoppe av båten for å overleve og holde på det vi kunne finne som ville holde oss over vann.
Akkurat der og da, mens jeg holdt meg fast så godt jeg kunne, var jeg var sikker på at jeg bare utsatte det uungåelige: jeg var sikker på at jeg skulle dø.

Men det var ikke Guds plan. En forbipasserende båt, som hadde lagt merke til den sivende røyken, fant oss.
Utrolig nok overlevde alle.
Båten tok oss til en øy som heter Malta. Her trodde jeg at vi ville være trygge. En vakker øy med strender, solskinn og yrende turister.

Men for oss flyktninger var Malta like ille som Lybia.

Jeg var heldig igjen. Familien min hadde penger og kunne betale for at noen skulle smugle meg videre til et annet land. Jeg vet ikke om det blir riktig å omtale meg som heldig. Jeg tror ingen ville omtalt det jeg og altfor mange andre har opplevd som å være heldige, i ordets rette forstand. Men jeg var heldig som tross alt slapp unna det verste og som fortsatt hadde livet i behold.
Jeg fikk et falskt pass, gikk om bord på et fly, og til slutt, flere måneder etter at jeg tok farvel med familie, venner og alt jeg visste om, kom jeg til Norge.

Her ble jeg for første gang møtt med varme, med
smil, og folk behandlet meg som et menneske.
Jeg fant et hjem, om enn midlertidig, på et mottak,
hvor jeg møtte andre som meg - fra Syria,
Afghanistan, Sudan, Ukraina.

Jeg fant vennskap og lykke. Jeg klarte å smile. Jeg hadde håp.

Men hver kveld på rommet mitt gråt jeg. Jeg gråt for familien min, for alt jeg hadde mistet, for alt jeg hadde tålt. Jeg gråt for de som ikke hadde klart seg og for de som aldri kom til å klare seg i fremtiden.
Jeg visste at en del av meg alltid vil være preget at det jeg har vært gjennom, men kanskje en dag ville jeg finne ekte lykke, trygghet og et evig hjem.

Et nytt liv her i Norge.

Dagene ble til uker og deretter måneder. Jeg gikk på skolen, begynte å lære norsk, og jeg merket at jeg med tiden begynte å slappe litt mer av mens jeg ventet på at regjeringen skulle behandle søknaden min.

Så en dag ringte telefonen. Det var en advokat. Jeg skulle deporteres til Malta.

Norge, dette landet som hadde vært så snill mot meg, skulle sende meg tilbake, selv om de visste hva jeg hadde vært gjennom. Hvorfor skulle de gjøre dette mot et barn? Hvordan kunne de gjøre dette mot meg?
Jeg ville heller dø enn å dra tilbake dit.
Så jeg pakket sekken og løp.

Jeg ante ikke hvor jeg skulle, eller hva jeg måtte gjøre for å overleve.

Men jeg hadde fortsatt håp.

Noen Notater om Asyl

Hva er en asylsøker?

En asylsøker er en som har blitt tvunget til å forlate landet sitt, og søker beskyttelse og rett til å bo i et annet land. Når de har fått asyl i det landet, blir de omklassifisert som flyktninger.

Begrunnelse for å søke om asyl

Noen kan søke om asyl dersom deres liv og frihet er i fare i hjemlandet på grunn av deres:

- etnisitet
- nasjonalitet
- religion
- medlemskap i en spesiell sosial gruppe
- politiske oppfatning
- på grunn av sikkerhetssituasjonen i deres land, for eksempel krig
- eller fordi de står i reell fare for å bli utsatt for dødsstraff, tortur eller andre konsekvenser som strider mot annen straff hvis de må reise tilbake til hjemlandet.

Noen kan også få asyl på humanitære grunner ved en alvorlig helsetilstand, der behandling ikke er tilgjengelig i hjemlandet.

En person kan ikke søke om asyl hvis de bare kommer hit for å jobbe, studere eller være sammen med familiemedlemmer. Dette er ulike former for migrasjon, hver med sine egne regler og forskrifter. Likeledes er ikke dårlig økonomisk situasjon i hjemlandet grunnlag for asyl.

Enslige Mindreårige Asylsøkere (EMA)

En enslig mindreårig asylsøker er en person under 18 år som kommer til et land for å søke asyl, uten at de har foreldre eller omsorgspersoner med seg.

Asylsøkere i Europa og Norge

Antallet personer som søker asyl i Europa har økt betraktelig det siste tiåret, og selv om summene kan variere mye, har det vært over 400 000 hvert år siden 2014, og nådde høyder på over 1 million i 2015 og 2016 (eurostat). Av disse er rundt 10 % enslige mindreårige.
Norge har hatt mellom 1386 og 3560 asylsøknader hvert år mellom 2016 og 2021. Det ble imidlertid sendt inn over 30 000 søknader i 2015 (UDI).

I 2022 var det over 4 500 søknader i Norge, hvorav over 1 000 kom fra enslige mindreårige. Omtrent halvparten av søknadene kom fra flyktninger fra Ukraina (UDI).

Behovet for ID

I tillegg til å ha basisgrunnlag for å søke om asyl må asylsøkere også fremlegge bevis på hvem de er, normalt i form av en godkjent ID. Mange asylsøkere har ikke dokumentasjon å vise frem, enten fordi de aldri har hatt noe, at de ikke kan få tak i det fra hjemlandet, eller at dokumentene enten har blitt tatt fra dem eller mistet under reisen. Uten dette kan en asylsøknad avslås, eller beskyttelse kan kun gis for en begrenset periode. Dette kan få drastiske konsekvenser for en asylsøker.

Hva skjer etter søknad

Etter å ha søkt asyl i Norge sendes normalt en asylsøker til et mottak hvor de får informasjon, helsesjekker, mat, og i noen tilfeller noe grunnleggende skolegang. Her vil de normalt vente til de får et asylintervju før de blir overført til en annetmottak for å avvente avgjørelsen på søknaden. Dersom de får medhold vil de få tilbud om å bo et sted i Norge. Denne prosessen tar i gjennomsnitt 4-8 måneder, men i noen tilfeller kan asylsøkere vente mye lenger.

Dublinkonvensjonen

Dublinkonvensjonen er en avtale mellom EU-landene, Island, Sveits, Liechtenstein og Norge om at en asylsøker skal søke om asyl i det første trygge landet de kommer til, og at de ikke skal reise videre. Hvis de reiser videre etter å ha blitt dokumentert i et hvilket som helst land som er en del av denne avtalen, risikerer de å bli returnert til det opprinnelige landet.

Det er mange grunner til at asylsøkere velger å fortsette til et annet land - disse kan inkludere at det første landet ikke har nok eller god nok ressurser til å sørge for antallet flyktninger som ankommer, slik tilfellet er i Hellas; misbruk fra myndighetene i enkelte land, eller at de har familiemedlemmer som bor i et annet land enn det de selv ble dokumentert i.

Hvis en asylsøker er en «dubliner», er det ikke garantert, men i mange tilfeller, hvis de anses å være under 18 år, vil saken deres bli overført til Norge.

Alderstesting

I Norge blir alle asylsøkere mellom 15 og 18 år alderstestet. Dette involverer et røntgenbilde av tennene deres, og basert på statistikk prøver de å fastslå sannsynligheten for at en person er i en viss alder. I mangel av aksepterte former for ID, er det denne testen som vil avgjøre hvor gammel UDI vurderer en asylsøker å være. Meningene om denne formen for testing er svært delte, med mye kritikk rettet mot nøyaktigheten av denne formen for testing.

Viktigheten av alder

Hva UDI vurderer en alder kan være påvirke en asylsøker på mange ulike områder. Hvis de er dubliner, kan det bety forskjellen mellom å få behandlet kravet ditt her i Norge, eller å bli returnert til et annet land. Det kan påvirke en asylsøkers rettigheter å få familien med seg i Norge. Det påvirker hvilken utdanning asylsøkeren har krav på. Det kan til og med føre til at en asylsøker blir utvist til hjemlandet.

Familiegjenforening

For mange asylsøkere er dessverre skjebnen slik at de aldri får se familie og venner igjen. Men hvis en asylsøkers søknad blir godkjent, og de fortsatt anses å være under 18 år når de får asyl, kan deres nære familie, som for eksempel foreldre, omsorgspersoner og søsken, kunne søke om å bli med dem i Norge, der dette er mulig.

Retur og deportasjon

Ved avslag på asylsøknad kan en asylsøker klage og få saken vurdert på nytt. Dersom de etter denne prosessen fortsatt ikke får asyl, så kan de enten forlate Norge selv, eller søke om hjelp til å returnere frivillig til hjemlandet.

Hvis de nekter å forlate, enten på egen hånd, eller med assistanse, kan de bli tvangsreturnert, og risikere å bli fengslet frem til deportasjonen. Ved tvangsretur har en asylsøker ikke lov til å returnere til Schengen-land i en periode på 1-5 år, og de må selv dekke alle utgifter til utvisning, som for eksempel flyreiser.

Noen mindreårige, mislykkede asylsøkere får bli værende til de fyller 18 år, for deretter å bli tvangsreturnert.

Det er godt dokumentert at mange mislykkede asylsøkere har flyktet fra Norge, og søkt asyl andre steder. Til tross for at de er klassifisert som «dublinere», har andre land vurdert sakene deres mer gunstig og gitt dem asyl.

Og andre forsvinner, rett og slett. En rapport fra UDI viste at opptil 1 av 5 asylsøkere hadde forlatt mottak og ble meldt savnet. Noen ble senere funnet og enten forlot landet frivillig eller ble tvunget til å returnere. Et lite antall fikk asyl. De fleste forblir bare borte.

Tusen Takk

Jeg vil gjerne uttrykke min dypeste takknemlighet til følgende organisasjoner for deres urokkelige støtte og uvurderlige tilbakemeldinger under utformingen av denne boken. Deres eksepsjonelle arbeid på vegne av flyktninger har vært en konstant kilde til inspirasjon og motivasjon:

Dråpen i havet   moriabevegelsen

© 2023 Paul's Books

Tekst © Paul Wennersberg-Løvholen
Illustrasjoner © Paul Wennersberg-Løvholen

1. opplag juli 2023
ISBN: 978-82-93748-36-6 (Innbundet)
ISBN: 978-82-93748-37-3 (Heftet)
ISBN: 978-82-93748-38-0 (Kindle)

Også tilgjengelig på engelsk
My Name is Yemane

ISBN: 978-82-93748-33-5 (Innbundet)
ISBN: 978-82-93748-34-2 (Heftet)
ISBN: 978-82-93748-35-9 (Kindle)

Paul's Books, Norway
fb.me/superfartypants

Ingram Content Group UK Ltd.
Milton Keynes UK
UKHW020151040723
424461UK00010B/103